Inhaltsverzeichnis

Die angegebenen Mengen sind für 4 Personen gedacht.
Abkürzungen: EL = Eßlöffel   TL = Teelöffel   MS = Messerspitze   ml = Milliliter

Das Getreide, seine Verwendung und Verschwendung

Die Vorläufer unserer heutigen Getreidearten waren ursprünglich einfache Gräser. Aus deren Samen wurden im Laufe der Zeit in den unterschiedlichsten Vegetationszonen die heute existierenden Getreidearten gezogen. Das sind: Weizen, Dinkel, Roggen, Gerste, Hafer, Hirse, Reis und Mais. Der Buchweizen gehört zwar nicht zu den Gräsern, wird aber dem Getreide zugerechnet. Unsere Getreidearten haben also in Jahrtausenden Veränderungen durch Kultivierung erlebt.

Von den gesamten Ackerbauflächen der Erde entfallen etwa 80% auf den Getreideanbau. Durch den Einsatz von Großmaschinen, die künstliche Steigerung der Bodenfruchtbarkeit, die Verwendung von Herbiziden und Insektiziden, kurz, durch die Industrialisierung der Landwirtschaft wuchsen die Erträge so gewaltig an, daß sie den Bedarf für die menschliche Ernährung weit überschritten und nach neuen Möglichkeiten für die Verwertung der Überproduktion gesucht werden mußte. Es fand sich das Schlachtvieh als »Vernichter« des Getreideüberschusses, das so in den Dienst menschlichen Profitstrebens eingebunden wurde.

Deshalb werden etwa 80% der heutigen Getreideernten in vielen Industriestaaten, auch in Deutschland, dem sicheren Absatzmarkt Schlachtvieh zugeführt. Einige wenige Prozent dienen der technisch-industriellen Verarbeitung und nur knapp 20% direkt der menschlichen Ernährung.

Landwirtschaftliche Überproduktion bedingt aber auf lange Sicht Absatzschwierigkeiten und damit Preisverfall und Vernichtung bäuerlicher Existenzen. Der Bestand an Klein-Landwirten nimmt ständig ab, weil nur noch große Produktionseinheiten mit Massentierhaltung rentabel sind. Dies wiederum heißt, daß viele Tiere auf kleinstem Raum arbeitssparend versorgt werden müssen. Die Abkehr von der bisher artgerechten Tierhaltung und die Hinwendung zur Massentierhaltung waren damit gegeben. Kleine Boxen, die keinerlei Bewegung erlauben, machen diesen Tieren, die sich nicht einmal umdrehen können, das Leben zur Qual. Nahrungsaufnahme, Wachstum und Tod vollziehen sich innerhalb nur weniger Monate. Damit Tiere dieses unnatürliche Leben überhaupt überstehen können, sind große Mengen synthetischer Arzneimittel notwendig. Auch die in den großen Tierbeständen anfallende Gülle hat durch das Aufbringen auf unsere Agrarflächen große Schäden für Böden und Grundwasser gebracht.

Mit allen möglichen Manipulationen wurde den Verbrauchern in den Industriestaaten ein hoher Fleischkonsum eingeredet und damit zugleich das Gefühl eines hohen Lebensstandards auf den Gebieten der Ernährung und der Gesundheit suggeriert. Vor einigen Jahrzehnten konnte sich nur das wohlsituierte Bürgertum erhöhten Fleischkonsum leisten, während Armut identisch war mit dem Verzehr von Kartoffeln, Getreidebreien und Feldfrüchten. Heute, nach einer enormen Steigerung der Massenkaufkraft, sind wir so weit, daß sich die zivilisierte Menschheit nicht zuletzt auf Grund des hohen Fleischkonsums krankgegessen hat. In dieser mißlichen Lage erfolgt nun allmählich die Rückbesinnung auf eine naturgemäße Ernährung. Langsam rückt das idealste Lebensmittel, das Getreide, wieder in den Vordergrund. Alle lebenswichtigen Vitalstoffe sind im Korn aller Getreidearten in optimaler Zusammensetzung vorhanden. Sie sind ein verläßlicher Grundpfeiler in der menschlichen Ernährung.

Die Wegbereiter der vitalstoffreichen Vollwerternährung Bircher-Benner, Kollath und Bruker weisen den Weg zu besserer Gesundheit durch verstärkte Einbeziehung der verschiedensten Getreidearten in die menschliche Ernährung. Es ist das Verdienst dieser Männer, auf die negativen Folgen der technischen Verarbeitung des Getreides und den gesundheitlichen Wert des vollen Getreidekorns hingewiesen zu haben.

Durch diese Erkenntnisse hat die vitalstoffreiche Vollwerternährung große Bedeutung erlangt und zeigt den Ausweg aus Krankheit und Umweltschädigung. Getreide, Kartoffeln und Gemüse bieten uns so viel Abwechslung und Genüsse in der Ernährung, daß Fleisch ohne weiteres vom Kostplan abgesetzt oder zumindest stark eingeschränkt werden kann.

Dinkel-Pilz-Pastete mit Butterspargel (Seite 13)

Artischocken Gourmet

**8 junge Artischocken,
mittelgroß
Saft von 1 Zitrone,
unbehandelt**

**500 g Kartoffeln
300 g Karotten
150 g Zwiebeln
1¼ l Wasser
1 TL Vollmeersalz
2 TL gekörnte Hefebrühe
1 TL Gemüsebrühe-Paste
Pfeffer aus der Mühle**

**75 g Weizenvollkornmehl
1 TL Agar-Agar
100 g Crème fraiche
1 EL Dillspitzen**

Das obere Drittel oder die obere Hälfte der Artischocken (je nach Alter) abschneiden und zum Gemüseabfall geben. Stiel bis auf 3 cm Länge kürzen und dünn abschälen. Äußere, holzige Blätter am Artischockenrand bis zu den zarten, helleren Blättern entfernen.
Mit Teelöffel aus der Mitte der Artischocken das sogenannte Heu herausschaben. Die so vorbereiteten Artischocken in Zitronensaft wälzen.

Kartoffeln und Karotten sauber bürsten und in knapp 1 cm dicke Scheiben schneiden, Zwiebeln grob würfeln. Artischocken, Kartoffeln, Karotten und Zwiebeln in Wasser aufsetzen. Salz, gekörnte Hefebrühe, Gemüsebrühe-Paste und restlichen Zitronensaft dazugeben. Bei mäßiger Hitze ca. 30 Minuten kochen.

Gemüse mit Sieblöffel in vorgewärmte Servierschüssel legen und warmstellen. Frisch gemahlenes Weizenvollkornmehl und Agar-Agar mit Schneebesen in Gemüsekochwasser rühren, aufkochen lassen und von der Kochstelle nehmen. Crème fraiche unterrühren und über das Gemüse gießen. Mit fein geschnittenem Dill bestreuen.

Wichtig: Die Artischocken können nur im Frühjahr, wenn sie jung und zart sind, wie beschrieben geputzt werden. Später im Jahr, müssen alle äußeren und inneren Blätter, der gesamte Stiel und das sogenannte Heu entfernt werden, so daß nur noch die Böden übrigbleiben. Diese mit Zitronensaft beträufeln und im Rezept wie oben beschrieben fortfahren. Für eine Person werden jeweils 2 Artischockenböden vorgesehen.

Auberginengratin mit gemischtem Wildreis oder Sahne-Kartoffelbrei

Auberginen ungeschält in 1 cm dicke Scheiben schneiden, mit Salz bestreuen, in eine Schüssel schichten und ca. 30 Minuten beschweren.
Die so weich gewordenen Scheiben auf ein Geschirrtuch legen, Feuchtigkeit abtupfen und nacheinander in einer Pfanne mit Olivenöl auf beiden Seiten hell ausbacken.

Tomaten in Scheiben schneiden, Zwiebeln fein scheibeln und einsalzen, Petersilie grob schneiden, Schafskäse klein würfeln.

Die gebackenen Auberginenscheiben in eine flache Gratinform nebeneinander, in abwechselnder Reihe mit Tomatenscheiben schuppenförmig schichten. Die gesalzenen Zwiebelscheiben, Petersilie und Schafskäse darauf verteilen und dünn mit Oregano bestreuen.
Im vorgeheizten Backofen bei 200°, 2. Schiene von unten, ca. 30 Minuten backen.

1 kg Auberginen
2 TL Vollmeersalz
gut ⅛ l Olivenöl, kalt gepreßt

500 g Tomaten
100 g Zwiebeln
2 MS Vollmeersalz
2 EL Petersilie
125 g Schafskäse
1 TL Oregano

Titelbild

Reis: Reis im Sieb waschen und mit Wasser, Salz, gekörnter Hefebrühe und Gemüsebrühe-Paste zusetzen. 40 Minuten leicht köcheln, 20 Minuten bei kleinster Hitze nachquellen lassen. Es bleibt kein Wasser übrig, der Reis ist locker und körnig.

Fein gehackte Petersilie und Butter vor dem Servieren unterziehen.

300 g Naturreis Langkorn
100 g Wildreis
knapp 1 l Wasser
1 TL Vollmeersalz
1 TL gekörnte Hefebrühe
1 TL Gemüsebrühe-Paste

2 EL Petersilie
30 g Butter

Sahne-Kartoffelbrei: Kartoffeln gar kochen (ca. 30 Minuten) und schälen. Wasser mit gekörnter Hefebrühe und Salz erhitzen und heiße Kartoffeln mit der Kartoffelpresse hineinpressen. Sahne darübergießen und mit Schneebesen kräftig rühren. In vorgewärmte Schüssel füllen.

Der Kartoffelbrei kann auch statt Wasser und Sahne mit Milch zubereitet werden.

1 kg Kartoffeln
1 Tasse Wasser

¼ l Wasser
2 TL gekörnte Hefebrühe
½ TL Vollmeersalz
¼ l Sahne

Auberginenscheiben gebacken mit Knoblauch-Kartoffelpüree

1 kg Auberginen
Vollmeersalz
Olivenöl, kalt gepreßt
Basilikum, frisch oder getrocknet
1 Zitrone, unbehandelt

Auberginen mit der Schale in 1 cm dicke Scheiben schneiden (am besten schräg schneiden, damit die Scheiben größer sind). Mit Salz bestreuen, Scheiben aufeinander in eine Schüssel schichten und beschweren.
Nach 30 Minuten Scheiben auf ein Geschirrtuch legen und trocken tupfen.

In einer Pfanne bei mäßiger Hitze Scheiben in Olivenöl nacheinander hellbraun backen (3–4 Minuten), jedoch nicht zu lange, damit sie nicht zu weich werden. Fertiggebratene Scheiben auf einer Platte im Backrohr warm halten.

Mit fein geschnittenem Basilikum bestreut und Zitronenachteln garniert anrichten.

Statt Auberginen können auch Zucchini verwendet werden.

800 g Kartoffeln
1 TL Vollmeersalz
4 Knoblauchzehen
3 EL Obstessig
8 EL Olivenöl, kalt gepreßt
4–6 EL Kartoffelkochwasser
10 Oliven, schwarz

Knoblauch-Kartoffelpüree: Kartoffeln waschen bzw. bürsten, mit wenig Wasser 30 Minuten kochen, schälen und durch die Kartoffelpresse drücken.

Salz, fein geschnittene oder durch die Knoblauchpresse gedrückte Knoblauchzehen, Essig, Öl und Kartoffelkochwasser dazugeben und mit dem Mixer fein pürieren. Leicht gehäuft auf eine Platte streichen und mit Oliven garnieren.
Mindestens 1–2 Stunden bei Zimmertemperatur oder im Kühlschrank durchziehen lassen.

Statt Knoblauch-Kartoffelpüree kann auch Wildkräuter-Kartoffelsalat (S. 12) oder bunter Kartoffelsalat (S. 21) gereicht werden.

Bauernomelett

Kartoffeln sauber bürsten, eventuelle Schadstellen und Augen ausstechen, Kartoffeln mit der Schale fein reiben (Rohkostmaschine: Bircher-Trommel). Gemüse, Käse und Zwiebeln klein würfeln, Hafer fein mahlen (Getreidemühleneinstellung wie für Frischkornbrei). Salz, gekörnte Hefebrühe und Gemüsebrühe-Paste in Wasser auflösen und mit Kartoffeln, Gemüse, Hafer und Eiern gut vermischen.

Butter in der Pfanne (es ist zweckmäßig, in zwei mittelgroßen Pfannen gleichzeitig zu backen) erhitzen und so viel Kartoffelteig hineingeben, daß er glattgestrichen ca. 1 cm hoch ist. Bei mäßiger Hitze mit geschlossenem Deckel ca. 10 Minuten backen, bis die Unterseite leicht gebräunt ist. Omelett vorsichtig lösen und Pfanne mit geschlossenem Deckel wenden, so daß es im Deckel liegt.
In die Pfanne wieder Butter geben und Omelett vom Deckel in die Pfanne gleiten lasen. In der offenen Pfanne nochmals ca. 5 Minuten backen, bis auch diese Seite leicht gebräunt ist.

Die angegebene Menge ergibt 4 mittelgroße Omeletts.

Fertiggebackene Omeletts in der Backröhre (ca. 100°) warm halten.
Warm mit frischem Salat servieren.

800 g Kartoffeln
500 g gemischtes Frischgemüse, z. B. Karotten, Erbsen, Tomaten, Maiskörner, Paprikaschoten
150 g Käse, z. B. Emmentaler, Bergkäse
100 g Zwiebeln
100 g Haferflocken, fein

5 EL Wasser
1 TL Vollmeersalz
1 TL gekörnte Hefebrühe
1 TL Gemüsebrühe-Paste
2 Eier

Butter

Frühlingsrollen mit Pilzsauce (Seite 14)

Bauernschmaus mit Bohnensalat

Kartoffeln gut bürsten, Augen ausstechen und mit der Schale in 1 cm große Würfel schneiden. In einer flachen, großen Pfanne Würfel bei kleiner Hitze zugedeckt, mit Kräutersalz gewürzt, ca. 20–30 Minuten in Butter backen und dabei ab und zu wenden.

Kleingeschnittene Zwiebeln in Butter glasig dünsten, grob geschnittene Pilze dazugeben und ca. 10 Minuten mitdünsten. Mit gekörnter Brühe und Petersilie würzen.

Eier verschlagen, Sauerrahm, Paprika und Kräutersalz dazurühren. Über die fertigen Kartoffelwürfel die gedünsteten Pilze verteilen und geschlagene Eier darübergießen. Bei geschlossenem Deckel und kleinster Hitze Eier einige Minuten stocken lassen und danach mit der Backschaufel das Ganze nochmals wenden.
Schmaus auf eine Platte gleiten lassen und mit Schnittlauch bestreut servieren.

Bohnensalat: Bohnen waschen, schneiden oder in Stücke brechen und mit Salz und Wasser ca. 30 Minuten kochen.
Klein gewürfelte Zwiebeln und Knoblauchzehe mit Essig, Öl, gekörnter Brühe, Sojasauce, fein gewiegtem Bohnenkraut und Paprika verrühren. Über abgekühlte Bohnen geben, durchmischen und ca. 1 Stunde ziehen lassen.

Statt Bohnensalat können grüne Frischsalate jeglicher Art, auch gemischt, gereicht werden.

750 g Kartoffeln, netto
70 g Butter
½ TL Kräutersalz

20 g Butter
125 g Zwiebeln
250 g Pilze, z. B. Pfifferlinge, Steinpilze o. ä.
1 EL gehackte Petersilie
1 TL gekörnte Hefebrühe

3 Eier
2 EL Sauerrahm
½ TL süßer Paprika
½ TL Kräutersalz

1 Bund Schnittlauch

1 kg grüne Bohnen, frisch oder tiefgekühlt
½ l Wasser
1 TL Vollmeersalz

75 g Zwiebeln
1 Knoblauchzehe
4–5 EL Obstessig
4 EL Olivenöl, kalt gepreßt
1 TL gekörnte Hefebrühe
1 EL Sojasauce
1 EL Bohnenkraut, frisch oder getrocknet
½ TL süßer Paprika

Champignon-Krustarden
mit Wildkräuter-Kartoffelsalat

Bierteig:
¼ l Bier
125 g Weizenvollkornmehl
50 g Buchweizenvollkornmehl
1 TL Vollmeersalz
1 TL gekörnte Hefebrühe
4 EL Sonnenblumenöl, kalt gepreßt
1 Ei, getrennt

750 g frische Champignons
oder Egerlinge
1 kg Butterschmalz zum Ausbacken
1 Zitrone, unbehandelt
1 Bund Kräuselpetersilie

Frisch gemahlenes Weizen- und Buchweizenvollkornmehl mit Salz, gekörnter Hefebrühe, Öl und Eidotter in das Bier rühren. 1 Stunde quellen lassen, dann steif geschlagenes Eiweiß unterziehen.

Butterschmalz in einem nicht zu flachen Topf erhitzen, Champignons (große halbieren) auf eine Gabel spießen, in den Bierteig tauchen und dann von der Gabel in das heiße Fett streifen.

So viele Pilze in den Topf geben, daß alle an der Oberfläche schwimmen können. Nach 10 Minuten sind die Pilze leicht gebräunt. Dann mit einem Sieblöffel herausnehmen und auf ein auf einem Backblech liegendes Gitter geben.
Die nächste Portion Pilze in das Fett geben und wie oben verfahren.

Bis zum Servieren gebackene Pilze auf einer Platte im Backrohr (100°) warmhalten.
Dann mit Kräuselpetersilie und Zitronenscheiben garnieren. Pilze bei Tisch mit Zitronensaft beträufeln.

1 kg Salatkartoffeln

4 EL Obstessig
6 EL Sonnenblumenöl, kalt gepreßt
2 TL körniger Senf
1 TL Vollmeersalz
2 EL kleine Kapern
100 g schwarze Oliven
100 g milchsaure Gürkchen
100 g Zwiebelschlotten

ca. ¼ l Wasser
1 TL gekörnte Hefebrühe

150–200 g Wildkräuter, gemischt
z. B. Löwenzahn, Scharbockskraut,
Sauerampfer, Knoblauchsrauke,
Giersch, Spitz- und Breitwegerich

Wildkräuter-Kartoffelsalat: Kartoffeln mit wenig Wasser garkochen (ca. 30 Minuten), etwas auskühlen lassen und schälen.

Obstessig, Öl, Senf und Salz cremig rühren, Kapern, Oliven, klein geschnittene Gürkchen und Zwiebelschlotten dazugeben. Kartoffeln darüberscheibeln. Gekörnte Hefebrühe in warmem Wasser auflösen, über das Ganze gießen und alles gut mischen.
Ca. 1 Stunde (oder auch länger) ziehen lassen. Bei Bedarf noch etwas Wasser mit gekörnter Hefebrühe nachgießen.

Wildkräuter gut waschen, fein schneiden (ca. ½ cm breit) und vor dem Servieren unter den Salat mischen.

Dinkel-Pilz-Pasteten mit Butterspargel

Frisch gemahlenes Dinkel- und Hirsevollkornmehl mit kaltem Wasser, Salz und kalter, kleingeschnittener Butter verrühren und dann zu einem glatten Teig kneten. Teig 30 Minuten ruhen lassen und in 8–10 gleichgroße Teile schneiden.

Jedes Teigstück in eine kleine Pasteten- oder Törtchenform (mit gerilltem Rand) drücken. Bei 200°, mittlere Schiene, 25–30 Minuten backen. Auf ein Gitter stürzen und warm stellen.

Pilze putzen, waschen und in ca. 1 × 1 cm große Stücke schneiden. Klein geschnittene Zwiebeln in Butter glasig dünsten, Pilze, Erbsen, Maiskörner dazugeben, Salz und gekörnte Hefebrühe darüberstreuen. Im eigenen Saft ca. 15 Minuten leicht köcheln lassen.

Frisch gemahlenes Weizenvollkornmehl in Sauerrahm verrühren, zu den Pilzen geben und aufkochen lassen. Von der Kochstelle nehmen, Pfeffer und fein geschnittene Petersilie unterrühren.

Pilze in die warm gestellten Pasteten füllen und mit Zitronenachteln und Petersilie verziert reichen. Bei Tisch mit Zitronensaft beträufeln.

Butterspargel: Spargel sorgfältig vom Kopf aus nach unten schälen (mit Kartoffelschäler), in das kochende Salzwasser geben und 30 Minuten kochen. Mit einer Gabel einstechen und prüfen, ob er weich ist.

Spargel aus dem Topf nehmen (Kochwasser kann für Suppe verwendet werden) und auf vorgewärmte Platte legen. Mit fein geschnittener Petersilie bestreut servieren. Bei Tisch zerlassene Butter darübergeben.

Butterteig:
300 g Dinkelvollkornmehl
50 g Hirsevollkornmehl
gut ⅛ l Wasser
1 TL Vollmeersalz
125 g Butter

Füllung:
500 g frische oder tiefgekühlte Speisepilze, gemischt oder nur eine Sorte
75 g Zwiebeln
20 g Butter
125 g Erbsen, frisch oder tiefgekühlt
125 g Maiskörner, frisch oder tiefgekühlt
1 TL Vollmeersalz
1 TL gekörnte Hefebrühe

2 EL Weizenvollkornmehl
100 g Sauerrahm
Pfeffer aus der Mühle
3 EL Petersilie
1–2 Zitronen, unbehandelt

Abb. S. 5

1,2 kg Spargel, netto (frisch oder tiefgekühlt)
1 l Wasser
2 TL Vollmeersalz

100 g Butter
2 EL Petersilie

Frühlingsrollen mit Pilzsauce

Quarkblätterteig:
250 g Weizenvollkornmehl
250 g Schichtkäse (= fester Quark)
250 g Butter
½ TL Vollmeersalz
50 g Streumehl (Weizen-
vollkornmehl)

Füllung:
100 g Zwiebeln
250 g frische Pilze
250 g Weißkraut, netto
250 g Karotten, netto
100 g Erbsen, netto
30 g Butter

½ TL Vollmeersalz
1 TL gekörnte Hefebrühe
60 g vegetarische Pastete
Pfeffer aus der Mühle
1 TL Basilikum
200 g Gouda, mittelalt

zum Bestreichen:
1 Eiweiß
1 Eidotter
1 TL Milch

Abb. S. 10

Frisch gemahlenes Weizenvollkornmehl mit Salz, kaltem Quark und kalter fein geschnittener Butter rasch zusammenkneten. Teig 30 Minuten kühlstellen. Dann auf bemehlter Arbeitsfläche dick auswalken (ca. 15 × 30 cm), wieder zusammenlegen und kühlstellen; dies 3–4mal alle 30 Minuten wiederholen.

Zwiebeln fein schneiden, Pilze grob zerkleinern, Weißkraut fein hobeln, Karotten scheibeln und mit den frischen Erbsen in Butter ca. 15 Minuten im eigenen Saft dünsten.

Mit Salz, gekörnter Brühe, Pfeffer und Basilikum würzen und Pastete darin verrühren. Abkühlen lassen und den in kleine Würfel geschnittenen Käse dazugeben.

Teig in 8 Stücke teilen und jedes Teigstück auf leicht bemehlter Arbeitsfläche zu 15 × 20 cm Größe auswalken.

Abgekühlte Gemüsefüllung in 8 gleiche Teile portionieren und auf die ausgewalkten Teigstücke geben. Teigstücke über der Füllung schließen. Teigränder vorher mit Eiweiß bestreichen und Teigseiten mit Teigrädchen abrädeln.

Aus den Randabschnitten Kugeln drehen und als Verzierung auf die Rollen setzen.

Teigrollen mit verdünntem Eidotter bestreichen und auf mit Wasser bestrichenes Backblech legen.

Eine Tasse mit heißem Wasser auf den Boden des Backrohres stellen und Teigrollen bei 220°, mittlere Schiene, ca. 25 Minuten backen. Rollen etwas abkühlen lassen und auf eine Platte heben.

Pilzsauce: Fein gehackte Zwiebel und fein geschnittene Pilze in Butter ca. 10 Minuten dünsten, mit Wasser aufgießen, Salz, gekörnte Brühe und Zitronenschale im Stück dazugeben. Alles ca. 15 Minuten köcheln lassen.

Zitronenschale herausnehmen und das mit Wasser angerührte, frisch gemahlene Weizenvollkornmehl dazurühren und 1 Minute kochen lassen.
Von der Kochstelle nehmen, Crème fraiche, Zitronensaft und fein gehackte Petersilie unterziehen.

50 g Zwiebeln
250 g frische oder tiefgekühlte Pilze
(z. B. Pfifferlinge, Steinpilze,
Champignons)
20 g Butter

⅜ l Wasser
½ TL Vollmeersalz
1 TL gekörnte Hefebrühe
Schale von ½ Zitrone, unbehandelt

⅛ l Wasser
40 g Weizenvollkornmehl

100 g Crème fraiche
2 EL Zitronensaft, frisch
2 EL gehackte Petersilie

Gefüllte Cannelloni
in Tomatensauce natur

Zwiebeln fein würfeln und in Olivenöl glasig dünsten. Auberginen, Zucchini und Paprikaschoten mit der Schale sehr klein würfeln, Peperoni und Knoblauchzehen fein schneiden. Alles zu den Zwiebeln geben und mit Salz und gekörnter Hefebrühe 5 Minuten dünsten. Auskühlen lassen, fein geriebenen Käse (3 EL davon beiseite stellen) dazugeben. Cannelloni (ungekocht) mit dem Gemüse füllen und in eine Feuerfest-Form legen, auch aufeinander, je nach Formgröße.

Tomaten mit der Schale fein mixen und mit Wasser, gekörnter Hefebrühe, Salz, Basilikum, Oregano und Olivenöl verrühren. Sauce über die Cannelloni gießen (die Cannelloni saugen viel Flüssigkeit auf und müssen deshalb reichlich mit Sauce bedeckt sein).

Im vorgeheizten Backofen bei 200°, 2. Schiene von unten, ca. 20 Minuten zugedeckt (evtl. mit Alu-Folie) backen, bis sie gar sind.
Nach Ablauf der Garzeit Deckel abnehmen, hineinstechen und prüfen, ob sie gar sind.
Dann mit dem zurückgelassenen Käse bestreuen und noch wenige Minuten überbacken.

250 g Vollkorn-Cannelloni
(Nudelröhren mit ca. 2 cm ⌀),
etwa 30 Stück

Füllung:
3 EL Olivenöl, kalt gepreßt
125 g Zwiebeln
250 g Auberginen
250 g Zucchini
250 g grüne Paprikaschoten
½ Peperoni
2 Knoblauchzehen
½ TL Vollmeersalz
½ TL gekörnte Hefebrühe
125 g Emmentaler

Sauce:
1 kg reife Tomaten
⅜ l Wasser
2 TL gekörnte Hefebrühe
1 TL Vollmeersalz
2 TL Basilikum
1 TL Oregano
2 EL Olivenöl, kalt gepreßt

Gemüse in Aspik mit Petersilienkartoffeln
und Kräuterremoulade (Seite 18)

Gefüllte Auberginen mit Backkartoffeln

Auberginen werden mit der Schale verwendet. Stiel und die grünbraune Kappe abschneiden, Frucht längs halbieren. In eine Schüssel legen, jede Fruchthälfte mit Salz bestreuen, übereinanderstapeln, mit einem Brett beschweren und 30 Minuten ziehen lassen. Danach auf ein Geschirrtuch legen und trockentupfen.

Zwiebeln halbieren, in feine Scheiben schneiden, leicht salzen und ziehen lassen.

Auberginenhälften in einer Pfanne von beiden Seiten in Olivenöl hell backen und in eine flache Gratinform legen. Das Fruchtfleisch mit einer Gabel etwas flachdrücken.
Nun Zwiebelscheiben, grob geschnittene Petersilie und kleingeschnittene Knoblauchzehen ganz kurz in der Pfanne in Öl dünsten und auf den Auberginenhälften verteilen. Tomaten in Scheiben schneiden und schuppenförmig auf die Auberginenhälften mit Füllung legen, leicht salzen und pfeffern.
Wasser mit Olivenöl mischen und darübergießen. Schafskäse klein würfeln und über die Tomatenscheiben streuen.

Bei 200°, 2. Schiene von unten, 30 Minuten backen.

Backkartoffeln: Kartoffeln mit der Schale sauber bürsten, Augen ausstechen und dann halbieren oder vierteln, je nach Größe.
In einer Schüssel Olivenöl, Gewürze und Salz über Kartoffeln geben und gut mischen.
Kartoffeln in eine oder zwei Pfannen geben und zugedeckt bei mäßiger Hitze ca. 30 Minuten backen. Ab und zu wenden.
Fertige Kartoffeln in eine vorgewärmte Schüssel geben und mit gehackter Petersilie bestreuen.

4 mittelgroße Auberginen (ca. 1 kg)
250 g Zwiebeln
Vollmeersalz
ca. ⅛ l Olivenöl, kalt gepreßt

1 Bund Petersilie
2–3 Knoblauchzehen
500 g kleine Tomaten
Pfeffer aus der Mühle
Vollmeersalz

3 EL Wasser
3 EL Olivenöl, kalt gepreßt
100 g Schafskäse

1 kg kleine Kartoffeln
5 EL Olivenöl, kalt gepreßt
1 EL Basilikum
1 EL Majoran
1 EL Kümmel
Kräutersalz

2 EL Petersilie

Gemüse in Aspik mit Petersilienkartoffeln und Kräuterremoulade

800 g gemischtes Gemüse, netto, z. B. Erbsen, Mais, Bohnen, Sellerie, Karotten, Spargel
200 g frische Champignons
1 ½ l Wasser
2 TL gekörnte Hefebrühe
2 TL Gemüsebrühe-Paste
1 TL Vollmeersalz

200 g eingelegte Gürkchen, Peperoni, Oliven
2 EL Dill
2 EL Schnittlauch
⅛ l Obstessig
4 TL Agar-Agar
2 Eier, hartgekocht

Abb. S. 16

Gemüse und Pilze kleinschneiden und mit Wasser, gekörnter Hefebrühe, Gemüsebrühe-Paste und Salz ca. 20 Minuten kochen. Gemüse in ein Sieb gießen, abtropfen lassen und in einer Schüssel mit kleingeschnittenen Gürkchen, Peperoni, Oliven und fein geschnittenem Dill und Schnittlauch mischen.

Essig und Agar-Agar (in wenig Gemüsewasser auflösen) zum Gemüsewasser geben und nochmals erhitzen.

In kleine Portionsschälchen oder Tassen zuerst einige Eßlöffel Gemüsewasser geben, darauf Eischeiben legen und nun abwechselnd Gemüse und heißes Gemüsewasser hineingeben. Mit Gemüsewasser abschließen. Aspik erkalten lassen und ca. 2 Stunden in den Kühlschrank stellen. Danach Aspik mit Messer leicht vom Gefäßrand lösen und auf eine Platte stürzen.

1 kg kleine Kartoffeln
30 g Butter
1 Bund Petersilie
Kräutersalz

Petersilienkartoffeln: Kartoffeln in wenig Wasser weichkochen (25–30 Minuten) und schälen. Butter zerlaufen lassen und Petersilie fein hacken.

Butter, Petersilie und Kräutersalz über die Kartoffeln geben, vorsichtig mischen und in eine vorgewärmte Schüssel füllen.

1 Eidotter
⅛ l Sonnenblumenöl, kalt gepreßt
1 TL körniger Senf
1 EL Obstessig
1 TL Hefepaste
Pfeffer aus der Mühle

2 TL kleine Kapern
1–2 eingelegte Gürkchen (75 g)
1 hartgekochtes Ei
1 Tasse verschiedene frische Gartenkräuter
1 Eiweiß
1 MS Vollmeersalz

Kräuterremoulade: Eidotter cremig rühren und das Öl tropfenweise unter ständigem Rühren (mit Schneebesen) dazugeben. Senf, Essig, Hefepaste und Pfeffer dazurühren.

Kapern, klein gewürfelte Gürkchen und Ei sowie fein gehackte Kräuter unterheben. Eiweiß mit einer Prise Salz steif schlagen und unterziehen. In eine Sauciere füllen.

Gemüseschaschlik
mit Risotto und feuriger Tomatensauce

Gewaschenes, geputztes Gemüse in etwa gleich große Würfel schneiden und auf Holzspieße aufreihen, farbig abwechselnd. Gut mit Olivenöl einpinseln, leicht mit Salz und Pfeffer bestreuen und in Reihen auf ein eingeöltes Backblech legen.

Bei 200°, mittlere Schiene, 20–30 Minuten, je nach Gemüsedicke, backen.
Auf eine Platte legen und dünn mit Paprika und Curry bestreut servieren.

1 kg verschiedenes Gemüse,
z. B. Auberginen, Zucchini,
Champignons, Paprikaschoten grün,
rot und gelb, Zwiebeln
Kräutersalz
Pfeffer aus der Mühle
gut ⅛ l Olivenöl, kalt gepreßt
16–20 Holzspieße (20 cm lang)
Paprika
Curry

Risotto: Fein geschnittene Zwiebeln in Butter bei mäßiger Hitze glasig dünsten, trocknen Reis dazugeben und 5–10 Minuten unter wiederholtem Rühren leicht rösten. Mit warmem Wasser aufgießen, Salz, gekörnte Hefebrühe und Gemüsebrühe-Paste dazugeben. Bei kleiner Hitze 30 Minuten kochen, 20 Minuten quellen lassen, der Reis ist dann körnig und locker.

Vor dem Servieren die Butter auf dem Reis zerlaufen lassen und mit gehackten Kräutern bestreuen.

20 g Butter
125 g Zwiebeln
400 g Naturreis
knapp 1 l Wasser
1 TL Vollmeersalz
1 TL gekörnte Hefebrühe
1 TL Gemüsebrühe-Paste

40 g Butter
Kräuter

Abb. S. 25

Tomatensauce: Tomatenmark mit Wasser, Honig, Salz und Agar-Agar verrühren. Muskatblüte, Ingwer, fein geschnittene Peperoni und Zwiebeln dazugeben und alles 10 Minuten leicht köcheln lassen.

Von der Kochstelle nehmen, grob geschnittene Tomaten und Öl dazugeben. Alles fein mixen und in Sauciere füllen.

Statt Risotto kann auch französisches Stangenbrot gereicht werden (Rezept im Heft »Vollkornbrote«, S. 35).

250 g Tomatenmark
⅛ l Wasser
1 TL Honig
1 TL Vollmeersalz
1 TL Agar-Agar
1 MS Muskatblüte
2 MS Ingwer
½–1 Peperoni, je nach
gewünschter Schärfe
50 g Zwiebeln

350 g Tomaten
2 EL Olivenöl, kalt gepreßt

Grünkernfrikadellen mit buntem Kartoffelsalat

Grünkernfrikadellen
mit buntem Kartoffelsalat

Grünkern mittelfein schroten (Getreidemühlenein-stellung zwischen Frischkornbrei und Vollkorn-mehl) und mit Lorbeerblättern, gekörnter Hefe-brühe, Salz und Wasser zusetzen. Unter ständigem Rühren ankochen und bei kleinster Hitze ca. 20 Minuten quellen lassen.
Etwas abgekühlt, Kräuterpastete, Eier und sämt-liche Gewürze (Knoblauch fein geschnitten) ein-arbeiten.

Aus dem Teig mit angefeuchteten Händen 8–10 Fri-kadellen formen, in Semmelbrösel wälzen und in einer Pfanne mit Butter bei mäßiger Hitze aus-backen. Dann auf ein Backblech legen.

Reife Ananas schälen, in 8–10 Scheiben, ca. 6 mm dick, schneiden. Den Strunk mit Apfelausstecher ausstechen. Auf jede Frikadelle eine Scheibe legen und darauf eine Scheibe Käse.
Im Backrohr bei 200°, mittlere Schiene, ca. 15 Minu-ten den Käse schmelzen lassen (oder kurz unter den Grill geben).
Frikadellen herausnehmen, auf eine Platte legen, in die Ananasmitte etwas Tomatenwürzsauce geben und mit wenig Petersilie bestreuen.

Bunter Kartoffelsalat: Kartoffeln kochen (ca. 30 Mi-nuten), etwas auskühlen lassen und schälen.

Öl mit Essig cremig rühren, Senf, Salz und die klein-geschnittenen Zwiebeln dazugeben. Kartoffeln in Scheibchen in die Sauce schneiden.
Warmes Wasser mit gekörnter Hefebrühe verrüh-ren, über die Kartoffeln gießen und alles gut mischen.

Paprikaschoten in feine Streifen schneiden, dann würfeln und unter den Salat mengen, 1 Stunde zie-hen lassen und nochmals mischen. Bei Bedarf noch etwas Brühe dazugeben.
Mit fein geschnittenem Schnittlauch bestreut an-richten.

250 g Grünkern
2 Lorbeerblätter
gut ½ l Wasser
1 TL gekörnte Hefebrühe
1 TL Kräutersalz

1 Dose vegetarische Kräuter-Pastete (125 g)
2 Eier
2 TL körniger Senf
Pfeffer aus der Mühle
1 TL Paprika
4 TL Majoran
2 Knoblauchzehen
1 EL Sojasauce

50 g Vollkorn-Semmelbrösel
50 g Butter
1 frische Ananas
8–10 Scheiben Emmentaler oder Gouda (in Frikadellengröße)
Tomatenwürzsauce
1 EL gehackte Petersilie

1 kg Salatkartoffeln
½ TL Kümmel
1 Tasse Wasser

5 EL Olivenöl, kalt gepreßt
3 EL Obstessig
2 TL körniger Senf
½ TL Vollmeersalz
100 g Zwiebeln

¼ l warmes Wasser
2 TL gekörnte Hefebrühe
150 g grüne Paprikaschoten
150 g rote Paprikaschoten
1 Bund Schnittlauch

Hirseblinis mit Bohnensalat pikant

150 g Hirse
100 g Buchweizen
¼ l Wasser
20 g Hefe
1 TL Kräutersalz
2 Eier
100 g Emmentaler, Bergkäse oder Gouda
4 EL Petersilie oder gemischte Gartenkräuter
50 g Butter

Hirse und Buchweizen fein mahlen. Hefe in lauwarmem Wasser auflösen und zum Mehl rühren. Teig 30 Minuten stehenlassen.

Dann Salz, Eier, fein geriebenen Käse und fein gehackte Kräuter unterziehen.

In einer Pfanne Butter erhitzen und je 1 gehäuften EL Teig für ein Blini in die Pfanne geben (in einer großen Pfanne können 4–5 Blinis auf einmal gebacken werden). Nach ca. 2 Minuten Backzeit sind sie leicht gebräunt. Dann wenden und noch ca. 1 Minute weiterbacken.
In der vorgeheizten Backröhre (100°) Blinis warmhalten, bis alle gebacken sind. Dann warm servieren.

Die angegebene Menge ergibt ca. 16 Blinis.

Für den Bliniteig können statt Hirse und Buchweizen auch Hafer und Weizen, Hirse und Weizen, Hafer und Hirse, Gerste und Hirse, Grünkern und Hafer, jeweils fein gemahlen, verwendet werden (Hafer als feine Flocken).

250 g weiße, kleine Bohnenkerne
¾ l Wasser
4 EL Obstessig
4 EL Olivenöl, kalt gepreßt
1 TL Vollmeersalz
75 g lila Zwiebeln
250 g Tomaten
250 g Paprikaschoten, gelb
4 EL Petersilie
1 EL Bohnenkraut

Bohnensalat: Bohnenkerne waschen und 12 Stunden oder über Nacht einweichen. Im Einweichwasser ca. 1 Stunde leicht köcheln lassen, bis sie gar sind.

Zu den leicht abgekühlten Bohnenkernen Essig, Öl und Salz dazugeben und mischen. Fein geschnittene Zwiebeln, klein gewürfelte Tomaten und Paprikaschoten, kleingeschnittene Petersilie sowie kleingeschnittenes Bohnenkraut unterheben. Nochmals mischen und einige Stunden durchziehen lasen.

Italienische Gemüsepfanne
mit Kartoffelpuffern oder Polenta

Zwiebeln halbieren und in Ringe schneiden. Auberginen und Zucchini mit der Schale, Paprikaschoten, Pilze, Karotten und Knoblauchzehen in feine Streifen schneiden.

3 EL Olivenöl, kalt gepreßt
125 g Zwiebeln
200 g Auberginen
200 g Zucchini
200 g Paprikaschoten
100 g frische Champignons
100 g Karotten
2 Knoblauchzehen

Gemüse in einer Pfanne in Öl bei mäßiger Hitze unter häufigem Rühren garen (ca. 15 Minuten). Mit Salz, Pfeffer und Zitronensaft würzen.

1 TL Vollmeersalz
Pfeffer aus der Mühle
Saft von ½ Zitrone, unbehandelt

Kartoffelpuffer: Kartoffeln sauber bürsten, Augen ausstechen und mit der Schale fein reiben (Rohkostmaschine: Bircher-Trommel). Eier, frisch gemahlenes Weizenvollkornmehl, Salz, gekörnte Hefebrühe und fein geschnittene Zwiebeln daruntermischen.

1,2 kg Kartoffeln
2 Eier
50 g Weizenvollkornmehl
1 TL Vollmeersalz
1 TL gekörnte Hefebrühe
50 g Zwiebeln

100 g Butter

Für jeden Puffer 1 gehäuften EL Teig in die heiße Butter geben und etwas breitdrücken, so daß ein dünner Fladen entsteht. Bei mittlerer Hitze hellbraun ausbacken. Ein Stückchen Butter auf die Teigoberseite legen und Puffer wenden. Bis zur hellen Bräunung weiterbacken.

Im vorgeheizten Backrohr (100°) fertige Puffer warm halten.

Die Menge ergibt ca. 24 Kartoffelpuffer.

Polenta: Wasser mit Gemüsebrühe-Paste, gekörnter Hefebrühe und Kräutersalz zum Kochen bringen. Maisgrieß einrühren, 5 Minuten weiterkochen und 20 Minuten bei kleinster Hitze quellen lassen.

220 g Maisgrieß
1 l Wasser
1–1½ TL Gemüsebrühe-Paste
1 TL gekörnte Hefebrühe
1 TL Kräutersalz

Vor dem Anrichten Butter und fein geriebenen Käse unterziehen und mit gehackten Kräutern garnieren.

50 g Hartkäse, würzig
20 g Butter
1 EL Gartenkräuter

Kartoffelnestchen
mit buntem Gemüse und Spargelsalat

1 kg Kartoffeln
1 Tasse Wasser
½ TL Kümmel
1 TL Vollmeersalz
1 TL gekörnte Hefebrühe
Muskatnuß
3 Eier
80 g Butter
1 Eidotter

Kartoffeln mit Wasser und Kümmel garkochen, abschälen und sofort durch die Kartoffelpresse drücken. Etwas abkühlen lassen, dann mit Salz, gekörnter Hefebrühe und etwas abgeriebener Muskatnuß würzen, mit Eiern und Butter zu einem geschmeidigen Teig verarbeiten.

Teig in einen Spritzbeutel füllen und auf ein gefettetes Backblech zuerst kleine, runde Böden (Ø 8–10 cm) und dann um die Böden einen gleichmäßig hohen Ring (2–3 cm) spritzen. Rand oben mit Eigelb bestreichen.
Bei 200°, mittlere Schiene, ca. 30 Minuten goldgelb backen.
Die Menge ergibt 8–10 Nestchen.

700 g verschiedenes Gemüse, netto,
z. B. Karotten, Erbsen, Mais,
Spargel, Bohnen, Blumenkohl
125 g Speisepilze,
frisch oder tiefgekühlt
⅛ l Wasser
1 TL Kräutersalz
1 TL gekörnte Hefebrühe
30 g Weizenvollkornmehl
⅛ l Wasser
1 EL Sojasauce
3 EL Sauerrahm
2 EL gehackte Petersilie

Geputztes, zerkleinertes Gemüse und Pilze mit etwas Wasser zusetzen, mit Kräutersalz und gekörnter Hefebrühe würzen und ca. 15 Minuten garkochen.

Frisch gemahlenes Weizenvollkornmehl mit Wasser anrühren, unter das Gemüse geben und einmal aufkochen lassen.
Mit Sojasauce, Sauerrahm und fein gehackter Petersilie abschmecken und in die heißen Kartoffelnestchen füllen.

1200 g Spargel, netto,
frisch oder tiefgekült
1 l Wasser
2 TL Vollmeersalz
6–8 EL Obstessig
8 EL Sonnenblumenöl, kalt gepreßt
2 EL Schnittlauch

Spargelsalat: Spargel sorgfältig vom Kopf aus mit dem Kartoffelschäler nach unten schälen, in das kochende Salzwasser geben und ca. 30 Minuten kochen (anfallende Spargelschalen können für eine Suppe ausgekocht werden).

Spargel aus dem Kochwasser nehmen, in eine oder mehrere tiefe Platten legen und auskühlen lassen. Ausgekühltes Spargelkochwasser mit Essig und Öl verrühren und über den Spargel gießen.
1–2 Stunden durchziehen lassen. Mit Schnittlauch bestreuen.

Gemüseschaschlik mit Risotto
und feuriger Tomatensauce (Seite 19)

Krautrouladen mit Zitronen-Sauce

**1 Kopf Weißkraut,
locker gewachsen
1 l Wasser
2 TL Vollmeersalz**

**250 g Naturreis
1 Bund Suppengrün
1 TL gekörnte Hefebrühe
1 TL Gemüsebrühe-Paste
knapp ½ l Wasser**

**30 g Butter
150 g Zwiebeln**

**20 g Butter
1 Bund Petersilie
¼ l Brühe vom Krautblätter-Kochen**

Vom Weißkraut 8 Blätter lösen, fest ineinander-legen und 5 Minuten im Salzwasser kochen. Mit einem Sieblöffel herausnehmen und abkühlen lassen.

Kleingeschnittenes Suppengrün (im Gemüsewolf zerkleinern) mit gekörnter Hefebrühe, Gemüse-brühe-Paste und Wasser zum Kochen bringen und gewaschenen Reis dazugeben. Dann 40 Minuten leicht kochen lassen.

Zwiebeln grob würfeln und in Butter glasig dün-sten. Mit Butter und grob geschnittener Petersilie unter den gekochten Reis heben.

Vorgekochte Krautblätter auf Arbeitsfläche aus-breiten, Reis darauf verteilen und einrollen. In einem breiten, niedrigen Topf Krautrouladen eng aneinanderlegen. Brühe dazugießen und 30 Minu-ten bei kleiner Hitze kochen lassen.

**½ l Gemüsewasser
(vom Krautblätter-Kochen)
1 TL gekörnte Hefebrühe
½ TL Gemüsebrühe-Paste
50 g Naturreis**

**1 Ei
Saft von 1 Zitrone, unbehandelt
1 TL Akazienhonig
1 EL kleine Kapern
1 EL Crème fraiche
1 EL Dill**

Zitronensauce: Frisch und fein gemahlenen Natur-reis mit etwas Gemüsewasser (von der Gesamt-menge) verrühren. Restliches Gemüsewasser mit gekörnter Hefebrühe und Gemüsebrühe-Paste zum Kochen bringen. Reismehl einrühren, auf-kochen lassen und von der Kochstelle nehmen.

Ei mit Schneebesen gut durchschlagen und lang-sam Zitronensaft dazurühren. Anschließend Ka-pern, Crème fraiche und fein geschnittenen Dill untermengen. Nun langsam – das Ei darf nicht ge-rinnen – auch die gekochte Sauce dazurühren. In einer Sauciere zu den Krautrouladen reichen.

Lauchpastete

Frisch gemahlenes Weizen- und Dinkelvollkornmehl in eine Schüssel geben und eine Vertiefung drücken. Wasser mit Hefe verrühren, in die Vertiefung gießen und mit dem Mehl zu einem dicklichen Brei rühren. Mit Mehl bestreut 10 Minuten gehen lassen.

Nun Kümmel, Salz, fein geriebenen Emmentaler, weiche Butter und Ei dazugeben und 5 Minuten durchkneten. Teig in Öl wenden und in einer Schüssel zugedeckt ca. 30 Minuten gehen lassen.

2 Kastenformen (25 cm) oder eine Springform (Ø 26–28 cm) einfetten. Teig 3–4 mm dick auswalken und in die Backformen legen. In den Kastenformen 5 cm Rand, in der Springform 3 cm Rand hochdrücken.

Zwiebeln grob würfeln, Lauch waschen und in 1 cm breite Stücke schneiden. Alles in Butter 5 Minuten andünsten. Gemüsebrühe-Paste und gekörnte Brühe in Wasser auflösen, dazugeben und die angegebenen Gewürze unterheben.

In die mit Teig ausgelegten Backformen die Hälfte des geriebenen Käse streuen, Füllung darauf verteilen und restlichen Käse darüberstreuen.
Erdnußkerne in einer Pfanne bei schwacher Hitze leicht rösten und über den Käse verteilen.

Eier mit Crème fraiche und Kräutersalz verschlagen und über die Füllung gießen.

In die kalte Backröhre schieben und bei 200°, unterste Schiene, ca. 45 Minuten backen. Auf einem Gitter einige Minuten auskühlen lassen. Dann aus der Springform nehmen bzw. den Kastenformen stürzen. Pastete sofort wieder umdrehen und auf einer Porzellanplatte servieren.

Dazu können Pilzsauce oder Tomatensauce natur (beides Seite 15) gereicht werden.

Hefeteig:
250 g Weizenvollkornmehl
50 g Dinkelvollkornmehl
⅛ l Wasser, lauwarm
20 g Hefe

1 TL Kümmel
1 gestrichener TL Vollmeersalz
50 g Emmentaler
40 g Butter
1 Ei
1 TL Sonnenblumenöl, kalt gepreßt

Füllung:
200 g Zwiebeln
600 g Lauch, netto
30 g Butter
2 EL Wasser
2 TL Gemüsebrühe-Paste
1 TL gekörnte Hefebrühe
1 TL Majoran
1½ TL Thymian
½ TL Rosmarin
1 MS Pfeffer aus der Mühle

200 g Emmentaler
80 g Erdnußkerne

Guß:
2 Eier
100 g Crème fraiche
½ TL Kräutersalz

Maistortillas mit Zucchinigemüse

Teig:
125 g Maisgrieß
125 g Dinkelvollkornmehl
1 TL Vollmeersalz
1 TL gekörnte Hefebrühe
gut ⅛ l Wasser
Olivenöl, kalt gepreßt

Belag:
2 Fleischtomaten (ca. 400 g)
125 g Zwiebeln
Kräutersalz
100 g Bergkäse, Emmentaler oder Gouda
2 EL Petersilie

Maisgrieß, frisch gemahlenes Dinkelvollkornmehl, Salz und gekörnte Hefebrühe in einer Schüssel mischen, Wasser dazugeben und alles 1–2 Minuten zu einem Teig kneten. Der Teig muß fest und feucht sein.
Teig in 12 gleich große Stücke teilen und jedes Teil zu einer Kugel drehen. Jede Teigkugel zwischen den leicht angefeuchteten Handflächen zu einer Scheibe drücken und diese auf einem flachen Teller so lange weiterdrücken, bis ein Durchmesser von etwa 10 cm erreicht wird.

In eine Pfanne 2–3 EL Olivenöl geben und Tortillas bei mäßiger Hitze nacheinander ausbacken (in eine große Pfanne passen 3 Stück). Wenn die Teigränder beginnen braun zu werden, Tortillas wenden und auf der anderen Seite auch goldgelb backen. Die Gesamtbackzeit beträgt ca. 3 Minuten. Tortillas auf ein Backblech legen.

Tomaten in 12 Scheiben schneiden, Zwiebeln halbieren und in Ringe schneiden, leicht einsalzen, mischen und ziehen lassen, Käse fein reiben, Petersilie fein schneiden.

Auf jede Tortilla eine Tomatenscheibe, darauf die weichen Zwiebeln und darüber den Käse geben.
Bei 200°, mittlere Schiene, Käse schmelzen, Dauer ca. 3 Minuten.
Tortillas auf eine Platte legen, mit Petersilie bestreut reichen.

30 g Butter
100 g Zwiebeln
2 Knoblauchzehen
1 kg kleine Zucchini
1 TL Vollmeersalz
½–1 TL gekörnte Hefebrühe
1 EL Crème fraiche

Zucchinigemüse: Klein gewürfelte Zwiebeln und Knoblauchzehen in Butter glasig dünsten. Zucchini mit Schale der länge nach halbieren, in ½ cm dicke Scheiben schneiden und dazugeben. Mit Salz und gekörnter Hefebrühe im eigenen Saft ca. 20 Minuten dünsten. Vor dem Servieren Crème fraiche unterziehen.

Makkaroni al Funghi

Pilze waschen und grob schneiden. Fein gewürfelte Zwiebeln und fein gescheibelte Knoblauchzehen in Olivenöl glasig dünsten, Pilze, grob geschnittene Petersilie und Zitronensaft dazugeben und im eigenen Saft ca. 10 Minuten leicht köcheln lassen. Mit Salz, Gemüsebrühe-Paste und Pfeffer pikant abschmecken.

Gleichzeitig Wasser mit gekörnter Hefebrühe und Olivenöl zum Kochen bringen. Makkaroni dazugeben und 10 Minuten leicht kochen, dann 10 Minuten quellen lassen, bis das Wasser aufgesogen ist. Ab und zu vorsichtig umrühren.

Vor dem Servieren Butter und Pilze unterheben und mit Schnittlauch bestreuen.

Bei Tisch mit geriebenem Parmesankäse bestreuen.

300 g Champignons
300 g Waldpilze, frisch oder
tiefgekühlt, oder Austernpilze
5 EL Olivenöl, kalt gepreßt
100 g Zwiebeln
2 Knoblauchzehen
2 EL Petersilie
Saft von 1 Zitrone, unbehandelt
1 TL Vollmeersalz
1 TL Gemüsebrühe-Paste
Pfeffer aus der Mühle

gut 1 l Wasser
3 TL gekörnte Hefebrühe
2 EL Olivenöl, kalt gepreßt
400 g kurze Vollkorn-Makkaroni

40 g Butter
1 Bund Schnittlauch
Parmesankäse

Paprikaschoten und Tomaten mit feiner Reisfüllung

Paprikaschoten und Tomaten mit feiner Reisfüllung

Füllung: Naturreis waschen, in Wasser mit gekörnter Hefebrühe, Gemüsebrühe-Paste und Salz 40 Minuten leicht köcheln und 20 Minuten quellen lassen.

Klein gewürfelte Zwiebeln in Olivenöl glasig dünsten, Zimt, gewaschene Korinthen, Pinien sowie fein geschnittene Petersilie dazugeben und kurz mitdünsten. Dies zum fertigen Reis geben und unterziehen.

Von den Paprikaschoten und Tomaten Deckel abschneiden. Paprikaschoten entkernen, Tomaten mit Teelöffel vorsichtig aushöhlen und Fruchtfleisch für die Sauce beiseite stellen.

Ausgehöhlte Paprikaschoten und Tomaten innen leicht mit Kräutersalz bestreuen und Reis einfüllen. In ein oder zwei Auflaufformen stellen, je nach Größe der Schoten und Tomaten, Tomatensauce dazugießen und bei 220°, unterste Schiene, 30 Minuten garen lassen.

Sauce: Tomatenfruchtfleisch mit Tomatenmark und Salz mixen, mit Wasser bis zu einer Gesamtmenge von ½ l auffüllen, und Olivenöl darin verrühren.

4 mittelgroße Paprikaschoten (ca. 600 g)
4 Fleischtomaten (ca. 750 g)
Kräutersalz

Füllung:
250 g Naturreis (Langkorn)
⅝ l Wasser
1 TL gekörnte Hefebrühe
1 TL Gemüsebrühe-Paste
1 TL Vollmeersalz

4 EL Olivenöl, kalt gepreßt
125 g Zwiebeln
2 MS Zimt
40 g Korinthen
40 g Pinien
1 Bund Petersilie

Sauce:
2 EL Tomatenmark
1 TL Vollmeersalz
Wasser
2 EL Olivenöl, kalt gepreßt

Pilzragout mit Semmelknödeln

**500 g frische Egerlinge
oder Champignons
300 g Tomaten
125 g Zwiebeln
5 EL Olivenöl, kalt gepreßt
Saft von 1 Zitrone, unbehandelt
1 TL Vollmeersalz
1 TL gekörnte Hefebrühe
1 TL Gemüsebrühe-Paste
1 Lorbeerblatt
1 TL-Spitze Korianderkörner
1 TL Thymian
Pfeffer aus der Mühle**

**¼ l Weißwein, ungeschwefelt
3 EL sehr feine Haferflocken
3 EL Petersilie**

Pilze waschen, putzen und in große Stücke schneiden (entweder halbieren oder vierteln, je nach Größe). Tomaten in ca. 1 × 1 cm große Stücke würfeln.

Zwiebeln fein würfeln und in Öl glasig dünsten. Pilze, Tomaten und Zitronensaft dazugeben. Mit Salz, gekörnter Hefebrühe, Gemüsebrühe-Paste, Lorbeerblatt, Koriander, Thymian und Pfeffer 15 Minuten leicht kochen lassen.

Hafer auf der Getreidemühle sehr fein mahlen (Einstellung wie bei Vollkornmehl; Hafer langsam einlaufen lassen, sonst verschmieren die Mahlsteine), mit Wein verrühren und zu den Pilzen geben. 2 Minuten köcheln lassen, dann von der Kochstelle nehmen. Fein gehackte Petersilie unterziehen.

**10 Vollkornbrötchen (500 g)
1 TL Vollmeersalz
½ l Milch**

**20 g Butter
50 g Zwiebeln
2 EL Petersilie
2 Eier**

**2 l Wasser
4 TL Vollmeersalz**

Semmelknödel: Frische oder ein bis zwei Tage alte Vollkornbrötchen in dünne Scheiben schneiden, mit Salz bestreuen, mit lauwarmer Milch übergießen und einige Minuten ziehen lassen.

Zwiebeln und Petersilie fein schneiden, in Butter leicht andünsten und mit den Eiern zu den Brötchen geben. Mit der Hand alles gut zu einem Teig verarbeiten. Teig in 10 gleich große Stücke teilen. Mit angefeuchteten Händen jedes Teil zu einem Knödel formen.

Wasser mit Salz zum Kochen bringen und Knödel einlegen. Im halb offenen Topf Knödel leicht köcheln lassen (ca. 20 Minuten).
Mit Sieblöffel herausnehmen und in vorgewärmter Schüssel servieren.

Statt Semmelknödel kann als Beilage auch Sahne-Kartoffelbrei (Seite 7) gereicht werden.

Pizza Kalamata

Frisch gemahlenes Weizenvollkornmehl in eine Schüssel geben. Hefe in lauwarmem Wasser aufrühren und in der Mehlmitte zu einem dicklichen Brei verrühren. Mit Mehl bedeckt ca. 10 Minuten gehen lassen. Dann mit Salz und Öl gut durchkneten. In die Teigschüssel 1 EL Öl geben, den Teig darin wälzen und 30 Minuten gehen lassen.

Teig auf ein Backblech walken und schichtweise belegen:
Zuerst fein geschnittenen Lauch oder Zwiebeln, darauf fein gescheibelte Champignons verteilen, dann Tomatenscheiben und Paprikaringe darüberlegen, Kapern, fein geschnittene Peperoni und Oliven, Oregano, Basilikum und Rosmarin darüberstreuen. Mit grob geriebenem Schafskäse abdecken.

Bei 220°, mittlere Schiene, 30–35 Minuten backen. Einige Minuten auskühlen lassen und in Stücke schneiden.

Hefeteig:
500 g Weizenvollkornmehl
20 g Hefe
gut ¼ l lauwarmes Wasser
1 TL Vollmeersalz
4–6 EL Sonnenblumenöl,
kalt gepreßt

Belag:
200 g Lauch, netto
oder
200 g Zwiebeln
300 g frische Champignons
500 g Tomaten
300 g grüne Paprikaschoten
2 EL kleine Kapern
8 eingelegte Peperoni
120 g schwarze Oliven
1 TL Oregano
2 TL Basilikum
½ TL Rosmarin
250 g Schafskäse

Pizza Milano

Hefeteig:
500 g Weizenvollkornmehl
20 g Hefe
¼ l Wasser
2 gestrichene TL Vollmeersalz
60 g Butter

Belag:
4 EL Öl, kalt gepreßt
120 g Zwiebeln
400 g Pilze (Pfifferlinge,
Champignons o. ä.)
3 TL Pizzagewürz
250 g Gouda oder Emmentaler,
mittelalt
500 g Paprikaschoten, grün
500 g Tomaten
120 g vegetarische Pastete

Frisch gemahlenes Weizenvollkornmehl in eine Schüssel geben, Vertiefung drücken und darin die in lauwarmem Wasser aufgelöste Hefe mit etwas Weizenvollkornmehl verrühren. Mit Mehl bestäubt 10 Minuten gehen lassen.

Dann weiche Butter und Salz dazugeben und alles gut zusammenkneten. Teig auf gefettetem, bemehltem Backblech auswalken (nasses Tuch unterlegen) und 1 cm Rand hochdrücken.
Pizzateig ist fester als normaler Hefeteig und kann, ohne zu gehen, sofort belegt werden.

Teig mit Öl bestreichen, dann kleingehackte Zwiebeln und zerkleinerte Pilze darauf verteilen, mit Pizzagewürz bestreuen und mit geriebenem Käse abdecken.

Paprikaschoten in 20 ca. 8 mm dicke Ringe schneiden und in 4 Reihen mit je 5 Paprikaringen legen. In die Mitte der Ringe Tomatenscheiben (Tomaten quer aufschneiden) geben und Zwischenräume der Paprikaringe mit Pastetenstückchen ausfüllen.

Bei 220°, mittlere Schiene, ca. 30–35 Minuten backen.
Pizza in 20 Stücke aufschneiden und warm servieren.

Quiche Lorraine

Frisch gemahlenes Weizenvollkornmehl in einer Schüssel mit Wasser, Salz und kalter Butter zu einem glatten Teig verkneten und diesen 30 Minuten ruhen lassen.

Springform (Ø 26 cm) mit dem Teig auslegen, einen 2 cm hohen Rand drücken und diesen mit dem Teigrädchen glatt abrädeln. Semmelbrösel auf dem Teigboden verteilen.

Erbsen- und Maiskörner mit kleingeschnittenen Pilzen und klein gewürfeltem Bergkäse mischen und auf dem Teigboden verteilen.

Eier mit Sauerrahm, angegebenen Gewürzen und Salz glatt verschlagen und über die Gemüsefüllung gießen.

Im vorgeheizten Backofen bei 200°, mittlere Schiene, 35–40 Minuten backen.
Quiche auf einem Gitter einige Minuten abkühlen lassen, auf eine Porzellanplatte heben und mit fein gehackter Petersilie bestreuen.

Mit grünem Blattsalat oder Tomatensalat reichen.

Butterteig:
200 g Weizenvollkornmehl
4 EL Wasser
½ TL Vollmeersalz
100 g Butter
3 EL Vollkorn-Semmelbrösel

Belag:
100 g Erbsen, frisch oder tiefgekühlt
100 g Mais, frisch oder tiefgekühlt
200 g frische Pilze
200 g Bergkäse, würzig

Guß:
4 Eier
125 g Sauerrahm
½ TL Paprika
1 TL Oregano
1 TL Basilikum
1 TL Thymian
½ TL Kräutersalz
Pfeffer aus der Mühle

1 EL Petersilie

Quiche Provence

Quiche Provence

Im frisch gemahlenen Weizenvollkornmehl Hefe zerbröckeln, Salz im Wasser auflösen und dazugeben, kalte Butter darüberschneiden und alles rasch zu einem glatten Teig kneten. Teig in eine Frischhaltetüte geben und 30 Minuten im Kühlschrank ruhen lassen.

Teig in Springformgröße (Ø 26 cm) auswalken, gefettete Springform belegen und 3 cm Rand hochdrücken, mit Teigrädchen glatt abrädeln.
Teig mit Semmelbrösel bestreuen und mit klein gewürfelten Pilzen, Ananas und Schafskäse belegen.

Eier mit Sahne gut verschlagen, frisch gemahlenes Weizenvollkornmehl, Salz, Kräuter und Curry unterziehen und über den Belag gießen.

Im vorgeheizten Ofen bei 200°, mittlere Schiene, 35–40 Minuten backen. Warm servieren und frische Salate dazu reichen.

Hefeknetteig:
250 g Weizenvollkornmehl
30 g Hefe
⅛ l Wasser
1 TL Vollmeersalz
80 g Butter
3 EL Vollkorn-Semmelbrösel

Belag:
250 g frische Speisepilze,
z. B. Egerlinge, Champignons
250 g frische Ananas, netto
200 g Schafskäse

Guß:
4 Eier
6 EL Sahne
2 EL (= 40 g) Weizenvollkornmehl
1 TL Kräutersalz
4 TL Kräuter der Provence
½ TL Curry

Rahmspinat mit Kartoffelrolle

750 g Spinat, netto
1 kleine Zwiebel
½ Tasse Wasser
2 EL Weizenvollkornmehl (= 40 g)
1 TL Vollmeersalz
1 TL gekörnte Hefebrühe
1 MS gemahlener Ingwer
1 MS Thymian
200 g Sauerrahm

Spinat gut waschen, abtropfen lassen und mit Wasser und gehackter Zwiebel ganz kurz kochen, so daß er eben erst zusammenfällt. Spinat nun in den Mixer füllen und zerkleinern.

Durch die kurze Kochzeit behält der Spinat seine hellgrüne Farbe.

Nun wieder in den Topf geben, frisch gemahlenes Weizenvollkornmehl mit etwas Spinatkochwasser glattrühren, dazugeben und kurz aufkochen lassen. Von der Kochstelle nehmen, mit Salz, gekörnter Hefebrühe, Ingwer und Thymian würzen und Sauerrahm unterheben.

750 g Kartoffeln
1 Tasse Wasser
Kümmel

Füllung:
50 g Butter
100 g Vollkorn-Semmelbrösel
2 MS Kräutersalz

125 g Weizenvollkornmehl
125 g Vollkorngrieß
2 TL Vollmeersalz
Muskatnuß
3 Eier

50 g Vollkorn-Semmelbrösel
2 l Wasser
4 TL Vollmeersalz

60 g Butter

Kartoffelrolle: Kartoffeln in wenig Wasser kochen, schälen, durch die Kartoffelpresse drücken und auskühlen lassen.

Füllung: Butter zerlassen und Vollkorn-Semmelbrösel darin leicht rösten. Mit Kräutersalz bestreuen.

Erkaltete Preßkartoffeln mit frisch gemahlenem Weizenvollkornmehl, Salz, etwas geriebener Muskatnuß, Grieß und Eiern verkneten.
Teig auf einer mit Vollkorn-Semmelbröseln bestreuten Serviette ca. 1 cm dick in Topfbreite auswalken, mit den gerösteten Semmelbröseln bestreuen und mit Hilfe der Serviette aufrollen.

Nun die Kartoffelrolle mit der an beiden Enden zugebundenen Stoff-Serviette in einen Topf mit kochendem Salzwasser legen und zugedeckt ca. 30 Minuten mehr ziehen als kochen lassen.
Mit der Serviette wieder herausheben, auswickeln und auf einer Platte in 2 cm dicke Scheiben schneiden.

Mit zerlassener Butter übergießen.

Ratatouille mit Naturreis

Auberginen und Zucchini mit der Schale in große Würfel schneiden, Tomaten vierteln oder achteln, je nach Größe. Paprikaschoten entkernen und grob würfeln. Champignons oder Egerlinge halbieren oder vierteln, je nach Größe. Zwiebeln grob schneiden und Peperoni mit Kernen fein schneiden.

Das so vorbereitete Gemüse bei mäßiger Hitze in Olivenöl andünsten, bis es Saft zieht. Salz, gekörnte Hefebrühe und Pfeffer dazugeben. Ab und zu vorsichtig umrühren, damit es nicht anliegt. Im eigenen Saft dann 20 Minuten leicht köcheln lassen.

Gemüse mit Sieblöffel in eine Gratinform geben und mit fein geriebenem Käse bestreut 10 Minuten bei 220°, mittlere Schiene, backen oder kurz unter dem Grill überbacken.

Den im Topf verbliebenen Gemüsesaft in eine Sauciere füllen und dazureichen.

Naturreis: Reis im Sieb waschen und mit Wasser, Salz, gekörnter Hefebrühe und Gemüsebrühe-Paste zusetzen. 40 Minuten leicht köcheln, 20 Minuten bei kleinster Hitze nachquellen lassen. Es bleibt kein Wasser übrig, der Reis ist locker und körnig.

Fein gehackte Petersilie und Butter vor dem Servieren unterziehen.

Statt Naturreis können auch folgende Beilagen gereicht werden: Polenta (S. 23), Risotto (S. 19), gemischter Wildreis (S. 7).

400 g Auberginen
400 g Zucchini
400 g Tomaten
400 g grüne Paprikaschoten
250 g frische Champignons oder Egerlinge
250 g Zwiebeln
1–2 Peperoni, je nach gewünschter Schärfe

6 EL Olivenöl, kalt gepreßt
1 TL Vollmeersalz
2 TL gekörnte Hefebrühe
Pfeffer aus der Mühle

200 g Bergkäse oder Emmentaler

400 g Naturreis Langkorn
1 l Wasser
1TL Vollmeersalz
1 TL gekörnte Hefebrühe
1 TL Gemüsebrühe-Paste

2 EL Petersilie
30 g Butter

Vollkorn-Pfannkuchen mit Spinatfüllung (Seite 44/45)

Schwäbische Käsespätzle
und Broccoli mit Zitronensauce

Frisch und fein gemahlenes Weizenvollkornmehl mit gekörnter Hefebrühe, Salz, Eiern und Wasser verrühren und zu einem Teig glattschlagen.

500 g Weizenvollkornmehl
2 TL Vollmeersalz
1 TL gekörnte Hefebrühe
3 Eier
⅜ l lauwarmes Wasser

Jeweils einen Teil des Teiges in den Spätzleschaber oder die Spätzlepresse füllen und in das mit Öl vermischte kochende Salzwasser hineinschaben oder pressen. Dabei umrühren, damit die Spätzle nicht zusammenkleben. Einmal aufkochen lassen und mit dem Sieblöffel herausnehmen, gut abtropfen lassen und schichtweise abwechselnd Spätzle und geriebenen Käse in eine gefettete Gratinform geben. Über die letzte Schicht Spätzle die Butter in Flöckchen schneiden.

2 l Wasser
2 EL Öl, kalt gepreßt
4 TL Vollmeersalz

200 g würziger Käse, z. B. Bergkäse oder Gouda
40 g Butter
1 Bund Schnittlauch

Im Backrohr Gratinform mit Spätzle bei 100° warmhalten. Mit Schnittlauch bestreut reichen.

Broccoli mit Zitronensauce: Broccoli waschen, in Röschen teilen. Die Stiele können mitverwendet werden, eventuell schälen und harte Stellen wegschneiden. In Salzwasser 20 Minuten kochen.

900 g Broccoli, netto
1½ TL Vollmeersalz
gut ¼ l Wasser

Zitronen auspressen (ca. 80 ml Saft) und mit Öl, Gemüsekochwasser und Salz cremig rühren. Fein geschnittenen Schnittlauch und Petersilie dazugeben.

2 Zitronen, unbehandelt
6 EL Olivenöl, kalt gepreßt
6 EL Gemüsekochwasser
½–1 TL Vollmeersalz
½ Bund Schnittlauch
½ Bund Petersilie

Warmen Broccoli in eine Schüssel geben und Zitronensauce darüber verteilen. Mit Tomatenachteln und Oliven garnieren. Das Ganze 2 Stunden durchziehen lassen.

1 Tomate
8 Oliven, schwarz

Statt Broccoli mit Zitronensauce kann auch Rahmspinat (S. 38) gereicht werden.

Spinatpastete

Blätterteig:
250 g Weizenvollkornmehl
250 g Butter
250 g Schichtkäse (= fester Quark)
1 TL Vollmeersalz

Füllung:
6 EL Olivenöl, kalt gepreßt
5 Zwiebelschlotten
750 g Spinat, netto
1 Bund Petersilie
1 Bund Dill
2 TL gekörnte Hefebrühe
1 TL Vollmeersalz
1 MS Pfeffer aus der Mühle
4 EL Sahne
100 g Schafskäse
100 g würziger Käse, z. B. Appenzeller

1 Eidotter
1 TL Wasser

Frisch gemahlenes Weizenvollkornmehl mit Salz, Schichtkäse und fein geschnittener Butter rasch zusammenkneten. Teig 30 Minuten kühlstellen. Auf einer bemehlten Arbeitsfläche Teig dick auswalken (ca. 12 × 30 cm), 3fach zusammenlegen und kühlstellen. Auswalken und Zusammenlegen 3–4mal im Abstand von jeweils 30 Minuten wiederholen.

Fein geschnittene Zwiebelschlotten in Öl andünsten, gewaschenen, gut abgetropften und 1 cm breit geschnittenen Spinat sowie fein geschnittenen Dill und Petersilie dazugeben. 3–5 Minuten unter Rühren dünsten, gekörnte Hefebrühe und Pfeffer unterrühren.
Spinatgemenge erkalten und in einem Sieb abtropfen lassen. Sahne und klein gewürfelten Käse dazugeben.

Teig in 8 gleiche Teile schneiden, jedes Teil auf bemehlter Arbeitsfläche auswalken und in ca. 12 × 12 cm große Quadrate schneiden. Spinat in gleich großen Portionen auf die Quadrate verteilen. Teig von zwei gegenüberliegenden Seiten zur Mitte hin falten und die Enden jeweils zudrücken. Die Spinatfüllung darf in der Mitte des Teiges noch sichtbar sein.

Über das Backblech Wasser laufen lassen, Spinatpasteten darauflegen und mit verdünntem Eidotter bestreichen.

Eine Tasse mit heißem Wasser auf das Backblech oder in das Backrohr stellen und bei 200°, mittlere Schiene, 25–30 Minuten backen.

Als Beilage kann grüner Blattsalat gereicht werden.

Zwiebelkuchen Bretagne (Seite 46)

Vollkornpfannkuchen
mit verschiedenen Füllungen

250 g Weizenvollkornmehl
50 g Buchweizenmehl
½ l Milch
¼ l Wasser
1 TL Vollmeersalz
4 Eier

Butter zum Ausbacken

Frisch gemahlenes Weizen- und Buchweizenvollkornmehl mit Milch, Wasser und Salz verrühren und 30 Minuten oder auch länger quellen lassen. Eier dazugeben und Teig gut durchschlagen. Fett in einer großen Pfanne erhitzen. Teig jedesmal mit dem Schöpfer umrühren, bevor er in dünner Schicht in die Pfanne gegeben wird (das Vollkornmehl setzt sich leicht ab). Nun so lange ausbacken, bis die Oberfläche des Pfannkuchens beginnt festzuwerden. Dann ein Stückchen Butter auflegen und Pfannkuchen wenden. Fertig gebackenen Pfannkuchen bis zum Füllen in der vorgewärmten Backröhre bei 100° warmhalten.

Die angegebenen Mengen ergeben je nach Pfannengröße 10–12 Pfannkuchen.

500 g Speisepilze, frisch oder
tiefgekühlt
50 g Zwiebeln
20 g Butter
1 TL gekörnte Hefebrühe
½ TL Vollmeersalz
Pfeffer aus der Mühle
150 g Sauerrahm
2 EL (= 40 g) Weizenvollkornmehl
2 EL Petersilie

Pilzfüllung: Pilze putzen, waschen, gut abtropfen lassen und klein scheibeln. Klein gewürfelte Zwiebeln in Butter glasig dünsten, Pilze, gekörnte Hefebrühe, Salz und Pfeffer dazugeben und ca. 10 Minuten im eigenen Saft köcheln lassen.

Sauerrahm mit frisch gemahlenem Weizenvollkornmehl verrühren und unter die Pilze ziehen. Dann aufkochen lassen und von der Kochstelle nehmen. Fein gehackte Petersilie dazugeben.
Auf die warmgehaltenen Pfannkuchen geben und zusammenrollen. Mit Petersilie bestreut servieren.

Als Beilage eignen sich alle frischen Salate.

1 kg Spargel, netto, frisch oder
tiefgekühlt
1 l Wasser
2 TL Vollmeersalz

Spargelfüllung mit Kräuter-Sahne-Sauce: Spargel sorgfältig mit dem Kartoffelschäler vom Kopf aus nach unten schälen, in das kochende Wasser geben und 20–30 Minuten, je nach Spargeldicke, kochen. Gut abgetropft, je 3–4 Stengel auf die warmgehaltenen Pfannkuchen legen. Pfannkuchen so einschlagen, daß die Spargelspitzen noch herausschauen. Mit Kräuter-Sahne-Sauce reichen.

Kräuter-Sahne-Sauce: Frisch und fein gemahlenen Naturreis mit etwas von dem halben Liter Spargelkochwasser verrühren. Restliches Kochwasser mit gekörnter Hefebrühe und Gemüsebrühe-Paste zum Kochen bringen. Reismehl einrühren, aufkochen lassen und von der Kochstelle nehmen. Crème fraiche, fein gehackte Kräuter und Kapern unterziehen.

½ l Spargelkochwasser
½ TL gekörnte Hefebrühe
½ TL Gemüsebrühe-Paste
50 g Naturreis

100 g Crème fraiche
1 Tasse Garten- oder Wildkräuter
1 EL kleine Kapern

Spinatfüllung: Gut gewaschenen Spinat abtropfen lassen und mit klein gewürfelten Zwiebeln in wenig Wasser kurz dünsten, bis er zusammengefallen ist. In ein Sieb gießen, Spinatkochwasser auffangen. Spinat im Mixer zerkleinern. Spinatkochwasser mit frisch gemahlenem Weizenvollkornmehl verrühren und mit gemixtem Spinat aufkochen lassen. Mit Thymian, Ingwer, Salz und gekörnter Hefebrühe würzen.

750 g Spinat, netto
50 g Zwiebeln
knapp ½ Tasse Wasser

2 EL (= 40 g) Weizenvollkornmehl
knapp ¼ l Spinatkochwasser

1 MS Thymian
2 MS Ingwer
1 TL Vollmeersalz
1 TL gekörnte Hefebrühe

Einen warmgehaltenen Pfannkuchen auf eine Porzellan- oder Chromargan-Platte legen, 2–3 EL zubereiteten Spinat darauf verstreichen und darauf den nächsten Pfannkuchen legen. So weiter verfahren, bis alle Pfannkuchen aufgeschichtet sind. Dann die Käsescheiben so auf den obersten Pfannkuchen legen, daß ein Stück über den Pfannkuchenrand hängt und dann im Ofen darüberschmelzen kann (der Käse schließt so die Pfannkuchenränder ab).

200 g Bergkäse oder Gouda in Scheiben

4 Tomaten
8 Oliven
1 Bund Schnittlauch

Abb. S. 40

Bei 200°, mittlere Schiene, 15–20 Minuten backen. Pfannkuchen wie einen Kuchen in 8 Stücke schneiden.
Mit Tomatenscheiben, Schnittlauch und Oliven garnieren.

Zwiebelkuchen Bretagne

600 g Weizenvollkornmehl
2 TL Koriander
20 g Hefe
¼ l lauwarmes Wasser

1 TL Vollmeersalz
knapp ¼ l lauwarmes Wasser

750 g Zwiebeln
30 g Butter
Kräutersalz

2 EL Weizenvollkornmehl (= 40 g)
¼ l Sauerrahm
500 g Schichtkäse (= fester Quark)
2 Eier
1 TL Vollmeersalz

zum Bestreuen:
Rosenpaprika

Abb. S. 43

In das frisch gemahlene Weizenvollkornmehl (Koriander gleich mitmahlen) eine Vertiefung drücken und die mit Wasser angerührte Hefe darin zu einem dicklichen Teig verrühren, mit etwas Weizenvollkornmehl bestreuen und 10 Minuten gehen lassen.

Dann Salz und Wasser dazugeben und alles zu einem geschmeidigen Teig kneten. Diesen eine Stunde gehen lassen.

Zwiebeln schälen, halbieren und in feine Scheiben (Rohkostmaschine: Scheibentrommel) schneiden. In Butter glasig dünsten und mit Kräutersalz würzen. Auskühlen lassen.

In das frisch gemahlene Weizenvollkornmehl mit dem Schneebesen Sauerrahm und Schichtkäse rühren, Eier und Salz dazugeben und zwei Drittel der gedünsteten Zwiebeln darunterheben.

Gegangenen Teig auf ein gefettetes Backblech legen (nasses Tuch unter das Blech legen) und auswalken. Teigrand hochdrücken und die Zwiebelmasse daraufstreichen. Das restliche Drittel der Zwiebeln darüber verteilen und hauchdünn mit Paprika bestreuen.

Bei 225°, mittlere Schiene, ca. 30 Minuten goldgelb backen.

Warm servieren, mit Salaten als Beilage.

Register

Die Standardwerke der natürlichen Ernährung von Helma Danner

Helma Danner
Die Bio-Kost für mein Kind
Die biologische Ernährung von Säugling und Kleinkind
Mit einem Vorwort von Dr. med. M.O. Bruker
ECON

160 Seiten mit
18 Zeichnungen
ISBN 3-430-12022-5
24,– DM*

Helma Danner
Die Naturküche
Vollwertkost ohne tierisches Eiweiß
Mit einer ärztlichen Einführung von Dr. M.O. Bruker

368 Seiten mit
27 Zeichnungen plus
16 Seiten Farb-Abb.,
ISBN 3-430-12019-5
39,80 DM

Helma Danner
BIOLOGISCH KOCHEN UND BACKEN
Das Rezeptbuch der natürlichen Ernährung mit einem Vorwort von Dr. med. M.O. Bruker
ECON

288 Seiten mit
8 Farb-Abb. und
30 Zeichnungen,
ISBN 3-430-11998-7
29,80 DM*

Helma Danner
Die Bio-Kochschule für unsere Kinder

270 Seiten incl. ca.
400 Textzeichnungen
ISBN 3-430-12016-5
29,80 DM

ECON